Der Post-Überweisungs- und Scheckverkehr bei den Ämtern und Kassen der Kgl. bayer. Finanzverwaltung.

Von

J. Stelzer,
Kgl. Rentamtmann in Schongau.

München 1909.
J. Schweitzer Verlag (Arthur Sellier).

Inhaltsverzeichnis.

Bekanntmachung, die Postscheckordnung für das Königreich Bayern vom 17. November 1908 betreffend.

(GVBl. 1908 S. 981.)

K. Staatsministerium für Verkehrsangelegenheiten.

Mit Allerhöchster Genehmigung wird nachstehende Postscheckordnung für das Königreich Bayern bekannt gegeben.

München, den 19. November 1908.

v. Frauendorfer.

Postscheckordnung
für das Königreich Bayern
vom 17. November 1908.

I. Beitritt zum Post-Überweisungs- und Scheckverkehr.

§ 1.

I. Zur Teilnahme am Post-Überweisungs- und Scheckverkehr wird jede Privatperson, Handelsfirma, öffentliche Behörde, juristische Person oder sonstige Vereinigung oder Anstalt auf ihren Antrag zugelassen. Der Antrag kann bei einem Postscheckamt [1]) oder einer Postanstalt gestellt werden. [2])

II. Die Eröffnung eines Kontos erfolgt in der Regel bei dem Postscheckamt, in dessen Bezirke der Wohnsitz des Antragstellers liegt, auf Verlangen auch bei einem anderen Postscheckamt oder bei mehreren Postscheckämtern.

III. Auf jedes Konto muß eine Stammeinlage von 100 *M* eingezahlt werden. [3])

IV. Jedes Scheckamt führt eine Liste der Kontoinhaber. Der Postverwaltung bleibt vorbehalten, die Liste in der ihr geeignet erscheinenden Weise zu veröffentlichen. [4])

V. Die Höhe des Guthabens eines Kontos unterliegt keiner Beschränkung. [5])

1. In Bayern sind PSchÄ. eingerichtet in:
   1. München für die OPD.-Bezirke Augsburg, Landshut, München;
   2. Nürnberg für die OPD.-Bezirke Bamberg, Nürnberg, Regensburg und Würzburg;
   3. Ludwigshafen a. Rh. für den OPD.-Bezirk Speyer.

Innerhalb des Reichspostgebietes sind PSchÄ. eingerichtet in:
   1. Berlin für die OPD.-Bezirke Berlin, Frankfurt a. O., Magdeburg, Potsdam und Stettin;
   2. Danzig für die OPD.-Bezirke Bromberg, Danzig, Gumbinnen, Königsberg (Pr.) und Köslin;
   3. Breslau für die OPD.-Bezirke Breslau, Liegnitz, Oppeln, und Posen;
   4. Leipzig für die OPD.-Bezirke Chemnitz, Dresden, Erfurt, Halle (Saale), Leipzig;
   5. Hamburg für die OPD.-Bezirke Bremen, Hamburg, Kiel und Schwerin (Mecklenburg);
   6. Hannover für die OPD.-Bezirke Braunschweig, Hannover, Minden (Westf.) und Oldenburg (Großhzgt.);
   7. Cöln für die OPD.-Bezirke Aachen, Coblenz, Cöln, Dortmund, Düsseldorf, Münster (Westf.) und Trier;
   8. Frankfurt (Main) für die OPD.-Bezirke Cassel, Darmstadt und Frankfurt a. M.;
   9. Karlsruhe (Baden) für die OPD.-Bezirke Karlsruhe, Konstanz, Metz und Straßburg (Elf.)

Die Kgl. Württembergische Postverwaltung hat ein PSchA. eingerichtet in Stuttgart.

2. Zu den Anträgen auf Eröffnung eines Postscheckkontos sind in der Regel die amtlich hergestellten, bei den Postanstalten vorrätig gehaltenen und unentgeltlich verabfolgten Formblätter zu benützen.

Will der Antragsteller gleichzeitig mit dem Antrage eine Einzahlung auf das ihm zu eröffnende Konto machen, so hat er eine Zahlkarte, zu der er das Formular am Schalter unentgeltlich erhält, zu verwenden. Die Einzahlung kann in beliebiger Höhe erfolgen, muß jedoch, falls Scheckhefte oder Zahlkarten bestellt werden, mindestens zur Deckung des Preises für diese hinreichen; im übrigen gilt bezüglich der Höhe der Stammeinlage § 1 Abs. III und V.

3. Die Stammeinlage von 100 M. ist Bedingung der Kontoeröffnung.

4. Jedes Postamt hat ein Verzeichnis der in seinem Zustellbezirk und in den Zustellbezirken der ihm etwa zugeteilten Postagenturen wohnenden Kontoinhaber zu führen. Ein gleiches Verzeichnis hat auch jede mit der Postbezirkskasse unmittelbar abrechnende Postagentur hinsichtlich der in ihrem Bezirke wohnenden Kontoinhaber offen zu halten.

5. Von den durch Einzahlungen und Rückzahlungen eintretenden Änderungen des Guthabens wird der Kontoinhaber vom Postscheckamte benachrichtigt.

II. Einzahlungen.

Allgemeines.

§ 2.

Einzahlungen auf ein Postscheckkonto können bewirkt werden:

A. mittels Zahlkarte bei jeder Postanstalt und jedem Postscheckamt (§ 3),

B. mittels Postanweisung bei jeder Postanstalt (§ 4)[1],

[1]) Hat ein Kontoinhaber die Gutschreibung der für ihn eingehenden Postanweisungen im Sinne von § 4 beantragt, so können Einzahlungen auf sein Konto auch mittelst Postanweisungen gemacht werden. Da jedoch die Einzahlung mittelst Zahlkarte billiger ist, wird die Geldüberweisung im Wege des Postanweisungsverkehrs an Kontoinhaber kaum von praktischer Bedeutung sein.

C. mittels Überweisung von einem anderen Postscheckkonto (§ 5).

Einzahlungen mittels Zahlkarte.

§ 3.

I. Mittels Zahlkarte[1]) können auf ein Postscheckkonto Geldbeträge sowohl vom Kontoinhaber als auch von jeder anderen Person eingezahlt werden. Der Höchstbetrag einer Zahlkarte wird auf 10 000 *M* festgesetzt.[2])

II. Zu Zahlkarten dürfen nur Formulare benutzt werden, die von der Postverwaltung hergestellt sind. Die Formulare werden von den Postscheckämtern zum Preise von 25 Pf. für je 50 Stück an die Kontoinhaber verabfolgt. Einzelne Formulare werden am Schalter der Postanstalten an das Publikum unentgeltlich abgegeben.

III. Die Ausfüllung der Zahlkarte kann auch durch Druck, mit der Schreibmaschine usw. bewirkt werden; die handschriftliche Ausfüllung darf nur mit Tinte geschehen. Der Geldbetrag ist in der Reichswährung anzugeben. Die Marksumme muß in Zahlen und in Buchstaben ausgedrückt sein.[3]) Auch das mit der Zahlkarte verbundene Formular für den Einlieferungsschein ist vom Einzahler dem Vordruck entsprechend auszufüllen.[4])

IV. Der Abschnitt der Zahlkarte kann zu Mitteilungen an den Kontoinhaber benutzt werden.

V. Nach Einzahlung des Betrags wird der Postvermerk auf dem Einlieferungsscheine vollzogen.[5])

VI. Der eingezahlte Betrag wird auf dem in der Zahlkarte angegebenen Postscheckkonto gutgeschrieben. Das Postscheckamt übersendet nach der Gutschrift dem Kontoinhaber den Abschnitt der Zahlkarte.

VII. Kann die Gutschrift bei dem Postscheckamte nicht erfolgen, weil ein Konto unter der in der Zahlkarte angegebenen Bezeichnung nicht geführt wird oder der Kontoinhaber wegen unzureichender Adresse nicht sicher erkennbar ist, so ist eine Unbestellbarkeitsmeldung zu erlassen, damit der Absender die Angaben der Zahlkarte berichtige oder die Rücksendung des eingezahlten Betrags beantrage. Der eingezahlte Betrag ist an den Absender ohne Erlaß einer Unbestellbarkeitsmeldung zurückzuzahlen, wenn für den in der Zahlkarte bezeichneten Empfänger bei dem Postscheckamt zwar ein Konto bestanden hatte, dieses aber erloschen ist. [6])

Für die Beförderung jeder Unbestellbarkeitsmeldung und der zu erteilenden Antwort hat der Absender 20 Pf. Porto zu entrichten. [7])

VIII. Den Landpostboten können auf ihren Zustellgängen Zahlkarten über Beträge bis 800 *M* zur Ablieferung an die Postanstalt übergeben werden. Auf das Verfahren finden die Vorschriften der Postordnung vom 27. März 1900[8]) § 26 IV ff. entsprechende Anwendung. Für jede dem Landpostboten auf seinem Zustellgang übergebene Zahlkarte ist bei einem Einzahlungsbetrag bis zu 5 *M* eine Einlieferungsgebühr von 5 Pf., bei einem Einzahlungsbetrag von mehr als 5 *M* eine Einlieferungsgebühr von 10 Pf. im voraus zu entrichten.

IX. Der Absender kann eine eingelieferte Zahlkarte unter den in der Postordnung § 32 angeführten Voraussetzungen zurücknehmen, solange die Gutschrift auf dem Konto des Empfängers noch nicht erfolgt ist. [8])

1. Die Zahlkarten werden nach vorgeschriebenem Formulare — Beilage I — hergestellt.

Die von den deutschen Postverwaltungen ausgegebenen Formulare können zu Einzahlungen bei allen Postanstalten und Postscheckämtern innerhalb des Deutschen Reiches benutzt werden. Die bayerische Postverwaltung empfiehlt zur Vermeidung von Irrtümern möglichst solche Formulare zu benutzen, in denen die Kontonummer, der Name und Wohnort des Kontoinhabers, sowie der Name des Postscheckamtes vorgedruckt sind. Dieser Vordruck wird auf Antrag des Kontoinhabers auch durch das Postscheckamt gegen Erstattung der Kosten ausgeführt. Die Kontonummer, der Name des Kontoinhabers usw., können in den Zahlkarten auch mit Tinte eingetragen werden.

Einzahlungen mit Zahlkarten sind nur auf Postscheck-Konten möglich, jedoch nicht auf Bayern beschränkt, sondern für alle in ganz Deutschland eröffneten Konten zugelassen.

2. Einzahlungen auf Zahlkarten können außer bei der Kasse eines jeden Postscheckamtes bei jeder Postanstalt gemacht werden, ohne Rücksicht darauf, bei welchem Postscheckamte das in der Zahlkarte bezeichnete Konto geführt wird. Die Einzahlung kann sowohl vom Kontoinhaber als auch von jeder anderen Person geschehen.

3. Zahlkarten, auf deren Hauptteil Aenderungen in der Angabe des Betrages, in der Nummer des Kontos oder in dem Namen des Kontoinhabers stattgefunden haben, werden von der Post zurückgewiesen. Änderungen in den Angaben auf dem Abschnitte der Zahlkarte können, sofern keine besonderen Bedenken bestehen, nachgesehen werden.

4. Der Kontoinhaber kann die Rückseite des Einlieferungsscheines im voraus handschriftlich oder durch Druck mit Vermerken versehen.

5. Die Bescheinigung der Einlieferung erfolgt durch Vollziehung des Postvermerks auf dem Einlieferungsschein. Zur Bescheinigung können auch die von der Postverwaltung ausgegebenen Posteinlieferungsbücher benützt werden; der zum Formular der Zahlkarte gehörende Einlieferungsschein wird in diesem Falle vom Annahmebeamten nicht vollzogen, sondern, sofern er sich noch am Hauptteil der Zahlkarte befindet, abgetrennt und vernichtet.

6. Die Ausfertigung eines Doppels zu einer Zahlkarte darf von der Aufgabepostanstalt nur im Einverständnisse mit dem Bezirks-

postscheckamte erfolgen, nachdem festgestellt ist, daß der Betrag noch nicht an den Absender zurückbezahlt wurde. Das Doppel ist vom Absender auf einem ihm unentgeltlich zu verabfolgenden Zahlkartenformular oder, falls er die Ausstellung ablehnt, durch die Aufgabepostanstalt selbst auszufertigen.

7. Die unter die Portoablösung fallenden Stellen, Behörden und Organe brauchen die Gebühr für die Unbestellbarkeitsmeldungen nicht zu entrichten; an Stelle der Freimarken zu 20 Pfg. ist der Vermerk „Frei durch Ablösung" anzubringen. GVBl. 1907 S. 1087.

8. Vgl. GVBl. 1900 S. 256 und 261.

Einzahlungen mittels Postanweisung.

§ 4.

I. Jeder Kontoinhaber kann bei der Postanstalt, durch die er seine Postsendungen erhält, den Antrag stellen[1]), daß die für ihn eingehenden Postanweisungen seinem Postscheckkonto gutgeschrieben werden.

II. Ist ein solcher Antrag gestellt, so überweist die Postanstalt den Betrag der für den Kontoinhaber eingegangenen Postanweisungen täglich mittels Zahlkarte an das Postscheckamt zur Gutschrift[2]), während die Abschnitte der Postanweisungen dem Kontoinhaber übersandt werden.[3])

III. Die für einen Kontoinhaber einzuziehenden Postauftrags- und Nachnahmebeträge sind unmittelbar seinem Postscheckkonto zu überweisen, wenn am Fuße des Postauftragsformulars oder unmittelbar unter der Angabe des Nachnahmebetrags vermerkt worden ist: „Betrag an das Postscheckamt in L..... zur Gutschrift auf das Konto Nr..... des N..... in M.....".

IV. Die durch Postauftrag oder Nachnahme eingezogenen Beträge werden an das Postscheckamt mittels Postanweisung nach Abzug der Postanweisungsgebühr gesandt.[4])

Das Postscheckamt übersendet den Abschnitt der Postanweisung nach Gutschrift des Betrags an den Kontoinhaber.

1. Der Antrag kann schriftlich oder mündlich gestellt werden. Die bayer. staatlichen Ämter und Kassen haben keinen solchen Antrag zu stellen.

2. Die Überweisung der dem Kontoinhaber gutzuschreibenden Postanweisungsbeträge an das Postscheckamt erfolgt in der Weise, daß der Gesamtbetrag aller für den Kontoinhaber gleichzeitig vorliegenden Postanweisungen in eine Zahlkarte aufgenommen wird. Die Postgebühr für die Gutschrift beim Postscheckamte (Postscheckordn. § 9 I, 1) wird nach dem Betrage der Zahlkarte berechnet, sie wird also nicht für jede einzelne Postanweisung in Ansatz gebracht.

Werden Postanweisungen für einen Kontoinhaber vom Absender unmittelbar an das Postscheckamt adressiert, so werden die Beträge dem Konto gutgeschrieben und die Abschnitte dem Kontoinhaber übersandt.

3. Für die Übersendung der Abschnitte der Postanweisungen an den Kontoinhaber wird keine Gebühr erhoben.

Das Postamt trennt die Abschnitte von den Postanweisungen und übersendet sie den Kontoinhabern im Briefumschlage; für gewöhnlich werden die Abschnitte der Konto-Postanweisungen den Kontoinhabern nur einmal im Tage zugeführt; doch kann die Postanstalt im Falle des Bedürfnisses die Abschnitte einzelnen oder sämtlichen Kontoinhabern werktäglich zweimal übersenden. Für die Zustellung von Briefen mit Postanweisungsabschnitten wird keine Zustellgebühr erhoben.

4. Neben dieser Postanweisungsgebühr, welche nicht unter die Portoablösung fällt — vgl. GVBl. 1907 S. 1088 — erhebt die Post auch die in § 9 I 1 festgesetzte Gebühr für Bareinzahlungen und zwar vom empfangenden Kontoinhaber.

Einzahlungen durch Überweisung von einem anderen Postscheckkonto.

§ 5.

Die für Kontoinhaber von anderen Kontoinhabern desselben oder eines anderen Postscheckamts angewiesenen Beträge werden dem Konto des Empfängers gutgeschrieben.

III. Rückzahlungen.

Allgemeines.

§ 6.

I. Der Kontoinhaber kann über sein Guthaben, soweit es die Stammeinlage von 100 *M* übersteigt, in beliebigen Teilbeträgen jederzeit verfügen und zwar:

A. durch Überweisung auf ein anderes Postscheckkonto,

B. mittels Schecks. [1])

Zu Überweisungen und Schecks dürfen nur Formulare benutzt werden, die vom Postscheckamte bezogen worden sind.

II. Der Kontoinhaber ist verpflichtet, die Überweisungs- und Scheckformulare sorgfältig aufzubewahren; er trägt alle Nachteile, die aus dem Verlust oder sonstigen Abhandenkommen der Formulare entstehen, wenn er nicht das Postscheckamt von dem Abhandenkommen benachrichtigt hat, um die Überweisung oder Zahlung an einen Unberechtigten zu verhindern.

III. Die Unterschriften der Personen, die zur Ausstellung von Überweisungen und Schecks berechtigt sein sollen, müssen dem Postscheckamte vom Kontoinhaber mitgeteilt werden, damit die Echtheit der Unterschriften unter den beim Postscheckamt eingehenden Überweisungen und Schecks geprüft werden kann. [2])

IV. Die dem Postscheckamte mitgeteilten Unterschriften haben solange Geltung, bis der Kontoinhaber diesem Amte das Erlöschen der Vertretungsbefugnis schriftlich mitgeteilt hat.

V. Die Ausfüllung der Formulare zu Überweisungen und Schecks kann auch durch Druck, mit der Schreibmaschine usw. bewirkt werden. [3]) Die handschriftliche Ausfüllung darf nur mit Tinte geschehen. Der Geldbetrag ist in der Reichswährung anzugeben. Die Markſumme muß in Zahlen und in Buchſtaben ausgedrückt ſein.[4])

1. Die beiden unter A und B genannten Verfügungsarten unterſcheiden ſich nach folgenden Richtungen:

a) „Überweiſungen" können nur auf ein anderes Poſtſcheckkonto erfolgen; mittelſt Schecks dagegen können ſowohl zugunſten von Kontoinhabern als auch zugunſten anderer Perſonen „Rückzahlungen" veranlaßt werden;

b) Überweiſungsformular und Giropoſtkarte ermöglichen nur Übertragungen auf ein anderes Poſtkonto, mit Schecks jedoch können auch Barabhebungen und zwar ebenſo zugunſten des Kontoinhabers ſelbſt wie dritter Perſonen durchgeführt werden;

c) mit Überweiſungsformular kann in beliebiger Höhe, mit Giropoſtkarten bis zu 1000 M. und mit Schecks bis zu 10000 M. je innerhalb des Guthabens verfügt werden.

Im übrigen unterliegt der Scheck dem Reichsſcheckgeſetze vom 11. März 1908 — RGBl. S. 71 ff. — ſoweit nicht der durch die Poſtſcheckordnung geregelte Scheckvertrag beſonderes beſtimmt.

Die im inländiſchen Poſtſcheckverkehr ausgeſtellten Schecks ſind von der Reichsſtempelabgabe befreit. RGBl. 1909 S. 725.

2. Zur Abgabe der Unterſchrift wird dem Kontoinhaber vom Poſtſcheckamte ein beſonderes Formblatt in zwei Exemplaren überſandt. Die Überſendung erfolgt ohne Antrag bei Eröffnung des Kontos. Tritt bezüglich der Perſonen, die zur Ausſtellung von Überweiſungen oder Schecks für ein Konto berechtigt ſind, eine Änderung ein, ſo hat der Kontoinhaber bei dem Poſtſcheckamte die Überſendung eines neuen Formblattes zu beantragen.

3. Die Unterſchrift muß ſtets handſchriftlich gezeichnet werden.

4. Durch die einen Gegenſtand des Vertrages zwiſchen Kontoinhaber und Poſtverwaltung bildenden Beſtimmungen über die ſorgfältige Verwahrung und über die Ausfüllung der Formulare iſt erſterem alle Schadenshaftung überbürdet, welche aus dem Abhandenkommen und aus der Fälſchung der Formulare entſtehen können. Konkurriert ein Verſchulden des Poſtſcheckamtes, etwa in bezug auf die Prüfung, ſo hat eine Schadensteilung gemäß § 254 des BGB. ſtattzufinden. BayZfR. 1909 (V) S. 314 und 315.

Rückzahlungen durch Überweisung auf ein anderes Postscheckkonto.

§ 7.

I. Die Formulare zu Überweisungen von Beträgen auf ein anderes Konto bei demselben oder bei einem anderen Postscheckamte werden in Blattform (zur Versendung in Briefen) oder in Postkartenform (Giropostkarten, zur offenen Versendung) ausgegeben. [1])

Die Formulare werden den Kontoinhabern vom Postscheckamt unentgeltlich geliefert.

II. Bei Benutzung der Blattform können die Überweisungen auf jeden beliebigen Betrag, der innerhalb des verfügbaren Guthabens gelegen ist, ausgestellt werden.[2])

Der Höchstbetrag der auf einer Giropostkarte zulässigen Überweisung wird auf 1000 *M* festgesetzt.

Der Aussteller hat die Überweisung an das Postscheckamt zu senden, bei welchem sein Konto geführt wird [3]).

III. Der an den Überweisungsformularen befindliche Abschnitt kann zu schriftlichen Mitteilungen benutzt werden. Er wird vom Postscheckamte dem Gutschriftsempfänger übersandt.

IV. Der Auftrag zur Überweisung von Beträgen auf andere Konten kann vom Kontoinhaber zurückgenommen werden, solange die Gutschrift auf dem Konto des Empfängers noch nicht erfolgt ist.

1. Das Überweisungsformular wird in Heften zu 50 Stück und die Giropostkarte in Heften zu 25 Stück hergestellt; im übrigen vgl. Beilage II und III S. 23 und 25.

2. Bei Benützung der Blattform können Gutschriften für mehrere Empfänger in einer Überweisung zusammengefaßt werden; in diesem Falle ist der Überweisung ein vom Kontoinhaber zu unterschreibendes Verzeichnis, dessen Schlußsumme mit dem auf dem Über-

weisungsformular angegebenen Betrage übereinzustimmen hat, beizufügen nach dem Muster der Beilage IV. Die Überweisungsgebühr (§ 9 I, 3) wird für jede in das Verzeichnis aufgenommene Überweisung berechnet.

3. Stimmt in einer an das Postscheckamt gesandten Überweisung der in Ziffern angegebene Betrag nicht mit dem in Buchstaben bezeichneten Betrage überein, so wird seitens des Postscheckamtes die Überweisung nach dem geringeren Betrage ausgeführt.

Das Überweisungs-Franko von 5 Pf. für die Postkarte und von 10 Pf. für die Blattform hat der Überweisende zu zahlen; die bezügliche Sendung der staatlichen Kassen und Ämter unterliegt der Portoablösung nach der Allerh. VO. vom 22. Dezember 1907.

Rückzahlungen mittels Schecks.

§ 8.

I. Die Scheckformulare werden den Kontoinhabern vom Postscheckamt in Heften von 50 Stück zum Preise von 50 Pf. für das Heft geliefert.

II. Der Höchstbetrag eines Schecks wird auf 10000 *M* festgesetzt.

Von der am rechten Rande des Schecks befindlichen Zahlenreihe hat der Aussteller vor der Ausgabe des Schecks die Zahlen abzutrennen oder mit Tinte zu durchstreichen, welche den Betrag des Schecks übersteigen.[1]) Ist dies versehentlich unterblieben, so hängt es vom Ermessen des Postscheckamts ab, ob der Scheck einzulösen ist.

III. Der Scheck ist binnen zehn Tagen nach der Ausstellung[2]) bei dem Postscheckamte zur Einlösung vorzulegen. Wird ein Scheck nach Ablauf dieser Frist vorgelegt, so hängt es vom Ermessen des Postscheckamts ab, ob der Scheck einzulösen ist.

IV. Schecks, die mit einem Indossamente versehen sind, werden nicht eingelöst.[3])

V. Hat der im Scheck bezeichnete Zahlungsempfänger selbst ein Konto bei demselben oder einem anderen Postscheckamte, so wird der Betrag dem Konto des Zahlungsempfängers gutgeschrieben, wenn nicht die Barzahlung ausdrücklich verlangt wird.

VI. Hat der im Scheck bezeichnete Zahlungsempfänger kein Postscheckkonto oder verlangt er ausdrücklich die Barzahlung, so wird die Postanstalt vom Postscheckamte mittels Zahlungsanweisung beauftragt, den Betrag an den Empfänger zu zahlen.[4])

VII. Die Zahlungsanweisungen werden dem Empfänger, sofern keine Abholung im Sinne des § 38 der Postordnung stattfindet, ins Haus zugestellt[5]).

Die Zustellung mit dem Geldbetrag ist auf die Fälle beschränkt, in denen sie bei Postanweisungen erfolgt. Im Landzustellbezirk werden Geldbeträge von mehr als 800 *M* nicht zugestellt.

Die Zustellgebühr von Zahlungsanweisungen m i t d e n G e l d b e t r ä g e n beträgt

a) im Ortszustellbezirk:
   bis zum Betrage von 800 *M* . . . . . . 5 Pf.,
   im Betrage von mehr als 800 *M* bis 2000 *M* 10 Pf.,
   im Betrage von mehr als 2000 *M* . . . 20 Pf.;

b) im Landzustellbezirk:
   bis zum Betrage von 5 *M* . . . . 5 Pf.,
   im Betrage von mehr als 5 *M* . . . . . 10 Pf.

für jede Zahlungsanweisung.[6])

VIII. Die in der Postordnung, §§ 37—39 und 42 bis 45, hinsichtlich der Postanweisungen erlassenen Vorschriften über

die Aushändigung von postlagernden Postanweisungen,
die Abholung,
die Zustellung,
die Auszahlung auf Postanweisungen,
die Nachsendung der Postanweisungen sowie die Behandlung unbestellbarer Postanweisungen am Bestimmungsorte

finden auf die Zahlungsanweisungen entsprechende Anwendung.

IX. Sofern der Betrag eines Schecks 800 *M* nicht übersteigt, kann das Geld an den Zahlungsempfänger mittels telegraphischer Zahlungsanweisung übermittelt werden. Der Antrag ist auf der Vorderseite des Schecks unterhalb der Angabe des Ortes und der Zeit der Ausstellung zu vermerken und vom Antragsteller zu unterschreiben. Auf die telegraphischen Zahlungsanweisungen finden die Vorschriften des § 18 der Postordnung entsprechende Anwendung. Ist der Antrag auf telegraphische Übermittlung vom Scheckaussteller gestellt, so wird der Betrag des Schecks dem Zahlungsempfänger unverkürzt überwiesen. Vom Konto des Scheckausstellers wird dieser Betrag unter Hinzurechnung der Telegrammgebühr und zutreffendenfalls des Eilbestellgeldes für die Zustellung an den Empfänger abgeschrieben. Ist dagegen der Antrag auf telegraphische Übermittlung vom Zahlungsempfänger gestellt, so wird die Telegrammgebühr vom Betrage des Schecks in Abzug gebracht.

X. Wohnt der im Scheck bezeichnete Zahlungsempfänger im Auslande, so wird ihm, wenn er kein Postscheckkonto bei einem deutschen Postscheckamt hat, der Betrag mittels Postanweisung oder Wertbriefs übersandt. Vom Konto des Scheckausstellers wird der Betrag des Schecks unter Hinzurechnung des Frankos für die Postanweisung oder den Wertbrief abgeschrieben.

XI. Ist im Scheck kein Zahlungsempfänger angegeben, so kann der Scheck vom Inhaber bei der Kasse des Postscheckamts, welches das Konto des Scheckausstellers führt, zur Einlösung vorgelegt werden. [7]) Hat der Inhaber eines solchen Schecks selbst ein Postscheckkonto, so kann er verlangen [8]), daß der Betrag seinem Konto gutgeschrieben werde.

XII. Der Inhaber eines Schecks, in dem kein Zahlungsempfänger angegeben ist, kann verlangen [8]), daß ihm der Betrag des Schecks durch Vermittlung einer Postanstalt bar gezahlt werde. Die Übermittlung des Geldes erfolgt

a) mittels Zahlungsanweisung, wenn der Empfänger im Inlande wohnt;

b) mittels Postanweisung oder Wertbriefs, wenn er im Auslande wohnt.

Im Falle zu b wird von dem Betrage des Schecks das Franko für die Postanweisung oder den Wertbrief abgezogen. Auf die Überweisung des Geldes mittels telegraphischer Zahlungsanweisung finden die Vorschriften unter IX entsprechende Anwendung.

1. Lautet der Scheck beispielsweise auf 1200 Mk., so sind von der Zahlenreihe die Kontrollzahlen 2000 mit 10 000 abzuschneiden oder zu durchstreichen; vgl. Beil. V. Bei einer Nachlässigkeit in der Abtrennung kann der Kontoinhaber für eine bezügliche Scheckfälschung haftbar gemacht werden.

2. Vgl. § 11 des Reichsscheckgesetzes vom 11. März 1908, RGBl. S. 71.

Der Scheck ist seitens des Zahlungsempfängers oder Inhabers stets bei dem Postscheckamte einzureichen, welches das Konto des Scheckausstellers führt.

3. Vgl. § 8 des Reichsscheckgesetzes. — Alle dem durch die Postscheckordnung geregelten Scheckvertrage widersprechenden Mängel berechtigen zur Dishonorierung des Schecks.

4. Wünscht ein Kontoinhaber, daß der Betrag eines zu seinen Gunsten ausgestellten Schecks an ihn bar ausgezahlt werde, so hat er dies auf der Vorderseite des Schecks links unten unterhalb der Angabe des Ortes und der Zeit der Ausstellung zu vermerken. Der Vermerk kann lauten: „Barzahlung".

Hat sich der Aussteller eines Schecks selbst als Zahlungsempfänger bezeichnet, so wird der Betrag stets bar durch Vermittlung der Postanstalt an ihn ausgezahlt.

Barabhebungen können überhaupt nur auf Grund Schecks erfolgen. Vgl. § 6 Anmerkung 1.

5. Für die Zustellung und Abholung der Zahlungsanweisungen sowie für ihre Auszahlung gelten die gleichen Vorschriften wie für Postanweisungen.

6. Diese Zustellgebühr ist von der Portoablösung nicht betroffen und wäre daher von Fall zu Fall zu zahlen. GVBl. 1907 S. 1088.

7. Das heißt, der Scheck hat Barwert; ein Indossament darf der Scheck im Postscheckverkehr nicht tragen.

8. Der Antrag ist auf der Vorderseite des Schecks links unten unterhalb der Angabe des Ortes und der Zeit der Ausstellung zu vermerken.

IV. Gebühren.

§ 9.

I. Es werden folgende Gebühren erhoben: [1])

1. bei Bareinzahlungen mittels Zahlkarte für je 500 *M* oder einen Teil dieser Summe [2]) . . . . . 5 Pf.;
2. für jede Barrückzahlung durch die Kasse des Postscheckamts oder durch Vermittlung einer Postanstalt [3])
   a) eine feste Gebühr von . . . . 5 Pf.,
   b) außerdem $^1/_{10}$ vom Tausend der auszuzahlenden Beträge (Steigerungsgebühr);
3. für jede Übertragung von einem Konto auf ein anderes Postscheckkonto [4]) . . . . 3 Pf.

Zur Zahlung der Gebühr unter 1 ist der Zahlungsempfänger, zur Zahlung der Gebühren unter 2 und 3 der Kontoinhaber verpflichtet, von dessen Konto die Abschreibung erfolgt.

4. Erheischt der Kontoverkehr eines Kontoinhabers jährlich mehr als 600 Buchungen,[5]) so wird außer den unter 1 bis 3 aufgeführten Gebühren für jede weitere Buchung eine Zuschlaggebühr von . . . . 7 Pf. erhoben.

II. Die Gebühren sowie die für Zahlkartenformulare und Scheckhefte zu zahlenden Preise werden durch Abschreibung von dem zur Zahlung verpflichteten Konto eingezogen.

III. Der Preis für unbrauchbar gewordene Zahlkarten- und Scheckformulare wird nicht erstattet.

1. Diese Gebühren werden für den Etat der Postverwaltung erhoben und verrechnet.

2. Gutschriftsgebühr.

3. Von dieser Gebühr sind die Beträge befreit, die vom Postscheckamte mittelst Postanweisung oder Wertbriefs abgesandt werden. Wird der Betrag einer unbestellbaren Zahlungsanweisung dem Konto des Scheckausstellers wieder gutgeschrieben, so wird für diese Gutschrift keine Gebühr erhoben.

4. Die Übertragungsgebühr wird erhoben ohne Unterschied, ob die Übertragung mittels Schecks oder mittels Überweisung erfolgt; sie beträgt 5 Pf. feste Gebühr und 10 Pf. für jedes angefangene Tausend.

5. Bei Berechnung der auf einem Konto ausgeführten Buchungen bleiben die Abbuchungen der Gebühren und der Preise für Zahlkartenformulare und Scheckhefte sowie diejenigen Rückzahlungen außer Ansatz, über welche Postanweisungen oder Wertbriefe gefertigt werden.

V. Portofreiheit.

§ 10.

Die Sendungen der Postscheckämter und der Postanstalten an die Kontoinhaber sowie die Sendungen zwischen den Postschecämtern und zwischen diesen und den Postanstalten werden im Postscheckverkehr als Dienstsache portofrei befördert.*)

VI. Änderungen in den Verhältnissen eines Kontoinhabers.

§ 11.

Änderungen in den rechtlichen Verhältnissen eines Kontoinhabers, die für sein Konto von Bedeutung sind, müssen dem zuständigen Postscheckamte mitgeteilt und durch Vorlegung öffentlicher Urkunden nachgewiesen werden. Unterbleibt diese Mitteilung, so hat die Postverwaltung den etwa aus der Unkenntnis der eingetretenen Änderungen entstehenden Schaden nicht zu vertreten.

VII. Austritt aus dem Scheckverkehr.

§ 12.

I. Der Inhaber eines Kontos kann jederzeit aus dem Scheckverkehr ausscheiden. [1])

II. Im Falle einer mißbräuchlichen Benutzung des Kontos seitens des Kontoinhabers ist auch das Postscheckamt befugt, das Konto aufzuheben. [2])

1. Werden nach dem Erlöschen eines Kontos noch Einzahlungen für dieses geleistet, so werden die Beträge den Einzahlern zurückbezahlt.

---

*) Die Sendungen der Kontoinhaber an die Postscheckämter unterliegen dem tarifmäßigen Porto.

Der im Wechselverkehr mit dem Reichspostgebiet und Württemberg vorkommende Schriftwechsel hat in gleichem Umfange Anspruch auf portofreie Beförderung wie in Bayern selbst.

Soweit die Sendungen im Postscheckverkehr unter die Bestimmungen über die Portofreiheiten und über die Portoablösung fallen, GVBl. 1907 S. 1085 ff., kommen die bezüglichen Vorschriften zur Anwendung.

Mit dem Tode des Kontoinhabers erlöscht sein Konto. Die Überweisungen und Schecks, die bis zum Todestage ausgestellt sind, werden noch eingelöst, solange das Guthaben des Kontoinhabers an dessen Erben noch nicht ausgezahlt ist.

2. Die Aufhebung des Kontos kann insbesondere dann erfolgen, wenn der Kontoinhaber wiederholt Überweisungen und Schecks ausstellt, deren Beträge sein verfügbares Guthaben übersteigen. Jede Überziehung des Guthabens ist ein scheckvertraglicher Dishonorierungsgrund.

VIII. Gewährleistung.

§ 13.

I. Die Postverwaltung leistet für rechtzeitige Buchung der Einzahlungen auf den Konten und für rechtzeitige Ausführung der dem Postscheckamte mittels Überweisung und Schecks erteilten Aufträge keine Gewähr.

II. Für die auf Zahlkarten eingezahlten Beträge haftet die Postverwaltung in der gleichen Weise wie für Postanweisungen.

IX. Änderung der Postscheckordnung.

§ 14.

Werden die Vorschriften der Postscheckordnung geändert, so finden die neuen Vorschriften auch auf die bei ihrem Inkrafttreten bestehenden Postscheckkonten Anwendung.

X. Inkrafttreten.

§ 15.

Diese Postscheckordnung tritt am 1. Januar 1909 in Kraft.*)

*) Für das Reichspostgebiet wurde auf Grund des § 2 des RG. vom 18. Mai 1908 RGBl. S. 197 durch Bekanntmachung vom 6. November 1908 eine Postscheckordnung erlassen. RGBl. S. 587. Hiedurch ist für bezeichnetes Postgebiet der Post-Überweisungs- und Scheckverkehr ab 1. Januar 1909 nach gleichen Grundsätzen geregelt wie für Bayern. Dasselbe ist in Württemberg der Fall.

Beilage I.
(Zu § 3.)

Vorderseite.

Dieser Abschnitt wird vom Postscheckamte dem Kontoinhaber übersandt.

Aufg.-stempel

eingezahlt am ....

.... Mark ...... Pf.

von ....

....

....

auf das Konto Nr. ....

(Perforiert)

Zahlkarte

Aufg.-stempel

auf .... Mark ...... Pf.

Zu wiederholen (die Mark in Buchstaben):

Mark Pf.

zur Gutschrift auf das Konto Nr.

de ....

....

bei dem Postscheckamt in

Postvermerk

Nr.

eingetragen durch:

am ....

Ankunfts-Nr.

(Perforiert)

Posteinlieferungsschein.

(Der Vordruck oberhalb des Raumes für den Postvermerk ist vom Einzahler auszufüllen.)

(die Mark in Buchstaben)

Mark Pf.

zur Gutschrift auf das Konto Nr. ......

de ....

....

bei dem Postscheckamt in ....

Postvermerk

Aufg.-stempel

Aufgabenummer ....

Postannahme

....

Rückseite.

Mitteilungen

1. Auf Zahlkarte können von jedermann an den Inhaber eines Postscheckkontos Beträge bis zu 10 000 Mark eingezahlt werden.
2. Die Zahlkarte ist in allen drei Teilen auszufüllen und mit dem Betrag einer beliebigen Postanstalt oder einem Postscheckamte zu übergeben.
3. Außer der Kontonummer ist die genaue Adresse des Kontoinhabers (nach Namen, Stand oder Gewerbe und Wohnort) sowie das Postscheckamt anzugeben. Die Kontonummer ist besonders deutlich zu schreiben.
4. Der Posteinlieferungsschein wird vom Postbeamten vollzogen und dem Überbringer als Bestätigung über die Einzahlung zurückgegeben.

(Perforiert)

Beilage II.

(Zu § 7.)

Nr.

.... M ...... Pf.

an ....

....

....

am ....

(Perforiert)

Nr. Konto=Nr. M Pf.

Kontoinh.:

Das K. Bayer. Postscheckamt in

wolle aus $\frac{\text{meinem}}{\text{unserem}}$ Guthaben den Betrag von

Mark Pf.

auf das Konto Nr. .... de ....

....

bei dem Postscheckamt in .... überweisen.

Unterschrift:

(Ort) ...., den .... 19 .. .

Dieser Abschnitt wird vom Postscheckamte dem Gutschriftsempfänger übersandt.

.... M ...... Pf.

überwiesen

von ....

....

....

....

zur Gutschrift auf das Konto

Nr. ....

bei dem Postscheckamt

in ....

Überweisungsformular.

Beilage III.
(Zu § 7.)

Vorderseite.

Mitteilungen

Dieser Abschnitt wird vom Postscheckamte dem Gutschriftsempfänger übersandt.

Postkarte

Zum Aufkleben der Freimarke

An

das K. Bayer. Postscheckamt

in

(*Perforiert*)

Giropostkarte.

Rückseite.

Nr.

.... M .... Pf.

an ....

....

....

am ....

(Perforiert)

Nr. Konto=Nr. .... M ...... Pf.

Kontoinh.:

Das K. Bayer. Postscheckamt in

wolle aus $\frac{\text{meinem}}{\text{unserem}}$ Guthaben den Betrag von

.... Mark ...... Pf.

auf das Konto Nr. .... de ....

....

bei dem Postscheckamt in .... überweisen.

Unterschrift:

(Ort) ...., den .... 19 .

.... M .... Pf.

überwiesen

von ....

....

....

....

zur Gutschrift auf das Konto

Nr. ....

bei dem Postscheck=amt

in ....

Beilage IV.
(Zu § 7.)

Anlage zur Überweisung.

Konto-Nr. ...., Kontoinhaber ....,

Nr. ...., Reihe .... des Überweisungsformulars.

Laufende Nr.	Adresse des Zahlungsempfängers	Postscheckamt, bei dem das Konto geführt wird	Konto-Nr.	Betrag ℳ	Pf.	Raum für dienstliche Vermerke des Postscheckamts

Beilage V.
(Zu § 8)

Nr.

.... M. .... Pf.

an ....

....

....

am ....

(Perforiert)

Nr. Konto=Nr. .... M .... Pf.

Kontoinh.:

Das K. Bayer. Postscheckamt in

zahle gegen diesen Scheck aus meinem / unserem Guthaben den Betrag von

.... Mark .... Pf.

an *) ....

in ....

Unterschrift:

(Ort) ...., den .... 19 .

*) Schecks, die mit einem Indossamente versehen sind, werden vom Postscheckamte nicht eingelöst.

Soll der Betrag bei der Kasse des Postscheckamts unmittelbar abgehoben werden, so ist der Zahlungsempfänger nicht anzugeben.

10 000
9 000
8 000
7 000
6 000
5 000
4 000
3 000
2 000
1 000
900
800
700
600
500
400
300
200
100

Scheckformular.

Bekanntmachung.

Den Anschluß der Ämter und Kassen der Finanzverwaltung an den Post-Überweisungs- und Scheckverkehr betr.

K. Staatsministerium der Finanzen.

(FinMinBl. 1909 S. 561.)

1.

Die Zentralstaatskasse, das Katasterbureau, das Hauptmünzamt, die Bergwerks-Hauptkasse, die Kreiskassen, die Rentämter, das Hofbräuamt und die Berg-, Hütten- und Salinenämter haben sich nach Maßgabe der Postscheckordnung für das Königreich Bayern vom 17. November 1908 (Ges. u. VO.Bl. S. 981 ff.) Konten bei einem Postscheckamt eröffnen zu lassen und zwar die Kassen und Ämter, die ihren Sitz in den Regierungsbezirken Oberbayern, Niederbayern und Schwaben haben, beim Postscheckamte München, die Kassen und Ämter der Pfalz beim Postscheckamte Ludwigshafen am Rhein, die übrigen Kassen und Ämter beim Postscheckamte Nürnberg [1]).

2.

I. Zweck des Anschlusses der Kassen und Ämter an den Post-Überweisungs- und Scheckverkehr ist zunächst haupt-

---

[1]) Die Bekanntmachung trat sofort in Kraft.

sächlich die Entgegennahme von Zahlungen im Verkehre mit Privatpersonen.

II. Die Überweisungen von Geldern zwischen Kassen, welchen ein Girokonto bei der K. Bank eröffnet ist, haben im Wege des Giroverkehrs durch die K. Bank zu erfolgen. Ablieferungen von Geldern (Überschüssen rc.) sind, abgesehen von dem Falle Ziff. 5 Abs. III, an die empfangenden Kassen bzw. auf deren Konto bei der K. Bank vorerst nicht im Wege des Post-Überweisungs- und Scheckverkehrs zu betätigen, desgleichen nicht Zahlungen dieser Kassen bzw. der K. Bank an die Ämter (Vorschüsse rc.), Einzahlungen und Abhebungen auf das eigene Konto bei der K. Bank; ebenso sind Lieferungen von Gebühren- rc. Schuldigkeiten der Notariate und Gerichtsschreibereien an die Rentämter nicht durch Einzahlung auf das Postscheckkonto der Rentämter zu bewerkstelligen. [1])

III. Von den Ämtern und Kassen ist ein Antrag, die für sie eingehenden Postanweisungen ihrem Postscheckkonto gutzuschreiben (§ 4 Abs. 1 der Postscheckordnung) nicht zu stellen.

[1]) Von der Einbeziehung des Geldverkehrs zwischen den staatlichen Kassen unter sich und zwischen diesen und der Kgl. Bank ist gemäß FinMinE. vom 20. April 1909 Nr. 8817 I, von dem Falle der Überweisung des nicht benötigten Kontoguthabens abgesehen, vorerst Abstand genommen, da die Postgebühren für die in diesem Verkehr anfallenden Sendungen bereits in der an die bayerische Postverwaltung zu zahlenden Bauschvergütung inbegriffen sind, folglich der bezügliche Geldverkehr doppelt mit Postgebühren getroffen würde, nachdem das Kgl. Staatsministerium für Verkehrsangelegenheiten eine Ermäßigung der Bauschvergütung nicht für angängig erachtet und auch Gebührenfreiheit für die staatlichen Kassen im Post-, Überweisungs- und Scheckverkehr aus grundsätzlichen Erwägungen nicht zugesteht.

IV. Auf Verlangen von Inhabern von Postscheckkonten können Zahlungen an diese nach vorheriger Einsendung einer vorschriftsmäßigen Quittung im Wege der Überweisung geleistet werden. Steht den Kassen und Ämtern zu Zahlungen durch Überweisung auf das Scheckkonto Dritter ein ausreichendes Guthaben nicht zur Verfügung, so sind die Beträge mittels Zahlkarte auf das Konto des Dritten einzuzahlen.

V. Schecks zur Begleichung von Zahlungen aus dem Guthaben sind, abgesehen von solchen zum Zwecke der Übertragung des Postscheckguthabens auf ein Girokonto bei der K. Bank (Ziff. 5), bis auf weiteres in der Regel nicht auszufertigen.

3.

I. Bei Einzahlungen und Überweisungen auf das Postscheckkonto der Ämter und Kassen ist auf den Abschnitten der Zahlkarten und Überweisungsformulare nicht nur Name, Stand und Wohnort der Zahlungspflichtigen sondern auch Betrag, Gattung und Jahrgang der Schuldigkeit sowie bei größeren Ämtern das Hebregisterfolium und zwar, soferne mehrere Zahlungen mittels einer Zahlkarte oder Überweisung erfolgen, für jede dieser Zahlungen einzeln genau anzugeben. Soferne bereits das Mahn- oder Vollstreckungsverfahren eingeleitet sein sollte, liegt es im Interesse der Pflichtigen, sofort das in Frage kommende Amt, gegebenenfalls unter Vorzeigung des Posteinlieferungsscheines von der erfolgten Einzahlung bzw. Überweisung zu verständigen.

II. Zur Deckung der den Ämtern und Kassen entstehenden Gebühren und sonstigen Auslagen haben diejenigen, welche auf das Postscheckkonto dieser Ämter und Kassen Einzahlungen leisten oder Übertragungen vornehmen, über den Betrag ihrer Schuldigkeit hinaus noch nachstehende Beträge (Zuschläge) einzuzahlen bzw. zu übertragen:[1])

a) im Falle der Bareinzahlung auf das Konto eines Amtes oder einer Kasse mittels Zahlkarte einen festen Betrag von 5 Pf. sowie weitere 10 Pf. auf je 500 *M* oder einen Teil dieser Summe, bei Summen, welche 10 *M* nicht übersteigen, jedoch im ganzen nur 10 Pf.,

b) im Falle der Übertragung auf das Konto eines Amtes oder einer Kasse mittels Überweisung einen festen Betrag von 5 Pf., sowie weitere 5 Pf. auf je 500 *M* oder einen Teil dieser Summe.

III. Werden bei Bareinzahlungen und Übertragungen die von den Zahlungspflichtigen zu leistenden Zuschläge vereinzelt nicht oder nicht in voller Höhe entrichtet, so können die Ämter und Kassen, soferne die Minderleistung offenbar auf Unkenntnis oder Versehen beruht, von der Nachforderung geringfügiger Beträge absehen. Ebenso kann von der Rückvergütung zu viel bezahlter Zuschläge Umgang genommen werden, soferne es sich nur um geringfügige Beträge handelt und die Zahlungspflichtigen die Rückzahlung nicht ausdrücklich verlangen. Derartige Differenzen sind im Gegenkonto in der Rubrik über die von den Zahlungspflichtigen einbezahlten bzw. den Zahlungsempfängern abgezogenen Postgebühren ab- bzw. zuzusetzen. Für etwaige Nachforderungen hat die Bekanntmachung vom 27. April 1905 (Fin.Min.Bl. S. 148) entsprechende Anwendung zu finden.

IV. Bei Einzahlungen oder Übertragungen auf das Postscheckkonto wird seitens der Ämter und Kassen eine Quittung nur auf ausdrückliches Verlangen erteilt. Wird die Zusendung der Quittung beantragt, so erfolgt diese als portopflichtige Dienstsache, soferne nicht die Postgebühr für die Übersendung bereits miteinbezahlt oder überwiesen worden ist.

V. Bei Überweisungen von dem Konto eines Amtes oder einer Kasse auf das Konto eines Dritten wird an der zu übertragenden Summe ein fester Betrag von 5 Pf. in Abzug gebracht[1]), soweit nicht nach

---

[1]) Die amtliche Kasse wird von der Post belastet bei Bareinzahlungen der Kasse oder Dritter mit Zahlkarte für das Postscheckkonto der Kasse mit je 5 Pfg. Gutschriftsgebühr für je 500 M. oder einen Teil dieser Summe,

bei Barrückzahlung durch die Kasse des Postscheckamtes oder durch Vermittelung einer Postanstalt mit einer festen Gebühr von 5 Pf. und einer Steigerungsgebühr zu 10 Pf. vom Tausend der Schecksumme,

für jede Übertragung vom Konto des Amtes oder der Kasse auf ein anderes Postscheckkonto mit 3 Pf. Übertragungsgebühr,

bei Entnahme von Zahlkartenformularen mit 25 Pf. und von Scheckformularen mit 50 Pf. für jedes Heft zu 50 Stück.

Neben den genannten Buchungsgebühren wird für jede weitere Gutschrift zum Konto des Amtes und bzw. für jede weitere Abbuchung von demselben eine Zuschlaggebühr von 7 Pf. erhoben, sobald der Kontoverkehr der Kasse jährlich mehr als 600 Buchungen erheischt.

Sendungen der kontoinhabenden Kassen und Ämter an die Postscheckämter fallen unter die für die staatlichen Stellen und Behörden vereinbarte Portoablösung.

Gegenüber den zahlungspflichtigen und empfangsberechtigten Dritten kommen demnach folgende Gebühren zur Erhebung:

Im Falle der Bareinzahlung durch einen Pflichtigen auf das Postscheckkonto des Amtes belastet die Post das Konto der empfangenden Kasse mit der Gutschriftsgebühr von 5 Pf. für je 500 M. oder einen Teil dieser Summe; das Amt aber erhebt vom Einzahlenden 5 Pf. festen Betrag sowie weitere 10 Pf. auf je

den bestehenden Bestimmungen die Übersendung des Geldbetrages an den Dritten von den überweisenden Ämtern und Kassen portofrei zu erfolgen hat. In diesem Falle

500 M. oder einen Teil dieser Summe; bei Summen, welche 10 M. nicht übersteigen im ganzen nur 10 Pfg.; im Falle der Übertragung durch einen Zahlungspflichtigen auf das Postscheckkonto des Amtes belastet die Post das Konto, von dem die Abschreibung erfolgt, d. h. des Übertragenden mit je 3 Pf. Übertragungsgebühr, und das Amt erhebt außerdem noch einen festen Betrag von 5 Pf. sowie weitere 5 Pf. von je 500 M. der übertragenen Summe, oder einem Teile dieser 500 M.; im Falle der Überweisung vom Konto eines Amtes bzw. einer Kasse auf das Konto eines Dritten belastet die Post das Konto der überweisenden Kasse, von dem die Abschreibung erfolgt, mit 3 Pf. Übertragungsgebühr, das Amt aber — die Kasse — erhebt vom empfangenden Kontoinhaber, soferne diesem nicht Portofreiheit zusteht, durch Abzug von der zu übertragenden Summe einen festen Betrag von 5 Pf.

Für die Bareinzahlung eines Amtes oder einer Kasse vermittelst Zahlkarte auf das Konto eines Dritten erheben die Ämter und Kassen keine Gebühr; ebensowenig ist für „Barrückzahlungen" aus dem amtlichen Kontoguthaben zugunsten eines Dritten eine Gebühr vorgesehen, da solche Barzahlungen nur im Postscheckverkehr vorkommen könnten (§ 8 Abs. V, VI, XI und XII der PSchO.), die Kassen aber Schecks zur Befriedigung Empfangsberechtigter nach Ziff. 2 Abs. V der Bekanntmachung bis auf weiteres für die Regel nicht ausfertigen dürfen.

Die Gebührnisse, welche von den an den Postscheck- und Überweisungs-Verkehr angeschlossenen Kassen und Ämtern den Kassenkunden aufgerechnet werden, und die vom Postscheckamte den Kassen und Ämtern je nach Ausschreibung eines Kontoblattes berechneten und zur Last geschriebenen Postgebühren werden bei diesen Kassen und Ämtern in den Rubriken 5 und 6 des Postscheck-Gegenkontos zu Buch gebracht. Diese Buchung der Zuschläge und Abzüge erfolgt gleichlaufend mit der Gegenkontierung der Einzahlungen und Überweisungen, jene der scheckamtlichen Gebühren dagegen nach Einlauf der gleichzeitig mit der Berechnung zugefertigten Gebührenzettel.

findet ein Abzug an der zu überweisenden Summe nicht statt. [1])

4.

I. Die an den Post-Überweisungs- und Scheckverkehr angeschlossenen Ämter und Kassen haben am Kopfe der von ihnen ausgehenden Schreiben, Zahlungsaufforderungen, Rechnungen, Steuerzettel, Quittungen rc. unter der Amtsbezeichnung den Anschluß an den Post-Überweisungs- und Scheckverkehr ersichtlich zu machen. Ämtern und Kassen, welchen auch ein Konto bei der K. Hauptbank bzw. einer ihrer Filialen oder bei der Reichsbank eröffnet ist, haben auch dies dort zu vermerken z. B.

K. Rentamt Altdorf.

Girokonto bei der K. Hauptbank Nürnberg.

Konto Nr. . . . beim Postscheckamte Nürnberg.

II. Ferner haben die Rentämter, soweit nicht die Einhebung der Gefälle den Steuer-Einnehmereien obliegt, bei der Ausschreibung von Steuer- rc. Einzahlungsterminen in den bezüglichen Bekanntmachungen sowie bei Zahlungsaufforderungen auf die Möglichkeit der Einzahlung auf das Bankkonto (s. Fin.Min.Bl. 1909 S. 345) und auf das Postscheckkonto — bei diesem unter Angabe des in diesem Falle einzuzahlenden bzw. zu übertragenden Mehrbetrags (Zuschlags s. Ziff. 3 Abs. II) — hinzuweisen. [2])

[1]) Man vgl. FinMinE. vom 15. Februar 1900, FinMinBl. S. 178 und Bekanntmachung vom 14. Mai 1909 Ziff. 12, FinMinBl. S. 428, ferner Blätter für das Bayer. Finanzwesen Bd. XIII (1905) S. 108 ff.

[2]) Der Hinweis hat lediglich die durch die Ämter und Kassen für die Einzahlungen auf ihr Postscheckkonto zu erhebenden Gut-

5.

I. Auf jedes Konto muß eine Stammeinlage von 100 *M* eingezahlt und in dieser Höhe stets unterhalten werden [1]).

II. Das Guthaben auf dem Postscheckkonto bildet einen Teil des Kassenbestandes und ist bei der Aufnahme der Kassenbestände und in den Abschlüssen besonders ersichtlich zu machen. [2]) [3])

III. Über die Stammeinlage hinaus dürfen keine Beträge auf das eigene Konto eingezahlt werden. [4]) Soweit

---

schrifts- und Übertragungszuschläge, nicht jedoch die durch die Post zum Ansatze gelangenden Gebühren zu enthalten.

[1]) Die Einzahlung der Stammeinlage, die späteren Verstärkungen derselben und die Rücknahmen von Postguthaben zum eigenen Kassabestand sind in der rentamtlichen Kassastrazze und in den Rubriken 3 und 7 des Postscheck-Gegenkontos durchzuführen; dagegen wäre ein bezüglicher Vortrag in den Rubriken 4 und 8 des Gegenkontos — in den Kassabüchern vereinnahmter und verausgabter Betrag — falsch, da hier keine wirklichen Einnahmen und Ausgaben der Zahlkasse in Frage stehen. Die bezüglichen Einträge in der Kassastrazze und im Gegenkonto haben hinsichtlich der Einzahlungen auf das Postkonto gleichzeitig mit der Geldabsendung und hinsichtlich der Barabhebungen nach Empfang des Geldbetrages zu erfolgen. Man vergleiche Dienstanw über den Geldvermittlungsverkehr zwischen den Rentämtern und der Kgl. Bank § 3 Ziff. 1 und § 7 Ziff. 5.

[2]) Das Guthaben auf dem Postscheckkonto ist jederzeit ohne weiteres aus den Ziffern der letzten Rubrik des Postscheck-Gegenkontos ersichtlich.

[3]) Die aus Anlaß der Münzreform seinerzeit eingeführten „Kassabestandsanzeigen“ haben nur die in den amtlichen Kassen befindlichen Geldvorräte, die Postkontoguthaben aber ebensowenig wie die Bankkontoguthaben zum Gegenstande.

[4]) Selbstverständlich nur von der kontoinhabenden Kasse; Dritte können unbeschränkt Einzahlungen auf die Postscheckkonti der

das auf dem Postscheckkonto der Ämter und Kassen durch Einzahlungen und Übertragungen Dritter angewachsene Guthaben nicht in naher Zeit zur Begleichung von Zahlungen an Konteninhaber verwendet werden kann, ist der verfügbare Teil entweder, soweit er zu eigenen Zahlungen benötigt wird, mittels Scheck abzuheben[1]) oder in auf 100 *M* abgerundeten Beträgen an die einschlägige K. Bankanstalt mittels Scheck, der an diese zu übersenden ist[2]), abzuführen und zwar, soweit den Ämtern und Kassen selbst ein Konto bei der K. Bank eröffnet ist, zur Gutschrift auf das eigene Konto[3]), andernfalls zur Gutschrift auf das Konto der vor-

---

Ämter und Kassen machen; daraus, daß diese über die „Stammeinlage“ hinaus keine Einlagen machen dürfen, erklärt sich auch die Bestimmung in Ziff. 2 Abs. IV der Bekanntmachung, wonach bei Unzulänglichkeit des Kontoguthabens zu Überweisungen auf die Postscheckkonten Dritter mittels Zahlkarte direkt einzuzahlen ist.

[1]) Nach Empfang des mit Scheck abgehobenen Betrages ist das Gegenkonto mit dem Konto des Scheckamtes gleichzustellen durch Abbuchung der Schecksummen und hat andererseits in der Kassastrazze die einnahmliche Buchung des empfangenen Geldbetrages zu erfolgen. Die Rubrik „in den Kassabüchern vereinnahmter Betrag“ des Gegenkontos erhält keinen bezüglichen Eintrag; vgl. Anm. 1 S. 36.

[2]) Das vorschriftsgemäß ausgefüllte Postscheckformular ist also nicht etwa dem Postscheckamte, sondern jener Kgl. Bankanstalt zu übersenden, an welche der nicht benötigte Teil des Postkontoguthabens abgeführt werden soll.

[3]) Diese Überweisung ist im Postscheckgegenkonto in der Rubrik 7 lastschriftlich und nach Eintreffen der Gutschriftsanzeige der Bank im Bankkontogegenbuche einnahmlich durchzuführen. Ein Vortrag dieser Überweisung in der Kassastrazze hat zu unterbleiben, weil selbe ja den den Gegenstand der Strazzierung bildenden eigenen Kassabestand des Amtes nicht beeinflußt. § 73 GA. f. d. RÄ. Die Rubriken 4 und 8 des Gegenkontos bleiben gleichfalls ohne Vortrag.

gesetzten Kasse.[1]) Die K. Bankanstalt wird sodann bestimmen, ob der Scheckbetrag bar an sie ausbezahlt oder ihrem Postscheckkonto gutgeschrieben werden soll.

6.

I. Wegen Lieferung der Formblätter zu Überweisungen und zu Schecks wird auf die §§ 7, 8 der Postscheckordnung verwiesen. Die Überweisungs- und Scheck-Formblätter sind in den Kassenschränken zu verwahren. Sollten solche gleichwohl abhanden kommen, so ist das einschlägige Postscheckamt hievon ohne Verzug schriftlich zu benachrichtigen.

II. Die Schecks und Überweisungen sind unter Beidrückung des Dienstsiegels auszufertigen.

III. Den Postscheckämtern werden

a) für die Zentralstaatskasse, das Katasterbureau und das Hauptmünzamt von dem K. Staatsministerium der Finanzen,

b) für die Kreiskassen, die Rentämter und das Hofbräuamt von der vorgesetzten K. Regierung, Kammer der Finanzen,

c) für die Bergwerks-Hauptkasse und die Berg-, Hütten- und Salinenämter von der Generaldirektion der Berg-, Hütten- und Salzwerke die Namen der jeweils zur Ausstellung der Überweisungen und Schecks berechtigten Beamten und ihrer Stellvertreter

[1]) Diese Abführung vom Postscheckkonto auf das Konto der vorgesetzten Kassa ist als „Lieferung" in Tagebuch und Hauptbuch vorzutragen; die einschlägige Belastung des Gesamtkassabestandes erfolgt, wie bereits oben erwähnt, im Postscheckgegenkonto, wo die Rubrik 8 zugleich die eine Ausgabe des Amtes darstellende „Lieferung" auszuweisen hat.

bekannt gegeben. Bei den Rentämtern sind die Schecks und Übertragungen von den Amtsvorständen, bei den Rentämtern mit Kasseabteilungen von den Kasseabteilungsvorständen bzw. von deren Stellvertretern zu unterzeichnen. Die Unterschriften dieser Beamten sind beim Postscheckamte zu hinterlegen.

IV. Bei der Ausstellung von Überweisungen und Schecks haben die Beamten auch den zurückbleibenden Abschnitt auszufüllen und mit ihrem Namenszug zu versehen.

7.

I. Die an den Post-Überweisungs- und Scheckverkehr angeschlossenen Ämter und Kassen haben ein Gegenkonto [1])

---

[1]) Im „Gegenkonto" kommen nur die das Postscheckkonto der Kasse berührenden Geldmanipulationen zum Vortrage; es erscheinen daher dort beispielsweise nicht die Einzahlungen vermittelst Zahlkarte auf das Postscheckkonto eines Dritten.

Von den durch Einzahlungen und Rückzahlungen eintretenden Änderungen des Postkonto-Guthabens wird jeder Kontoinhaber durch das Postscheckamt benachrichtigt; über die berechneten Gebühren werden für jedes Kontoblatt Gebührenzettel zugefertigt.

Den jeweiligen Stand des Kontoguthabens erhält man dadurch, daß man zum letzten „Stand des Guthabens", wie ihn die letzte Rubrik der vorausstehenden Zeile ausweist, auf der Linie, auf welcher eine Kontoauszugnummer gebucht wird, die Ziffer der Rubrik 3 hinzuzählt, und die Ziffer der Rubrik 7 abzieht. Ein „Abschluß des Gegenkontos" ist sohin für die Feststellung des Gesamtkassenbestandes nicht erforderlich, da das einen Teil des letzteren bildende Guthaben auf dem Postscheckkonto jederzeit aus der letzten Rubrik des Gegenkontos ersichtlich ist.

Als „in den Kassabüchern vereinnahmter Betrag" — Rubrik 4 — ist die Differenz zwischen den Ziffern der Rubriken 3 und 5 vorzutragen, woraus sich ergibt, daß diesem Eintrage die Sollstellung der von den Ämtern und Kassen den Einzahlern aufzurechnenden Gebührnisse in Rubrik 5 vorauszugehen hat, nach dem anliegenden Muster zu führen. Die in Ziff. 6 Abs. III Buchst. b und c aufgeführten Stellen, welche den Postscheckämtern die Namen der zur Ausstellung von Schecks und Überweisungen berechtigten Beamten bekanntzugeben haben, bestimmen, welchen Beamten die Führung dieses Gegenkontos übertragen wird. Bei den in Ziff. 6 Abs. III

---

sodaß ein etwaiger Fehlbetrag der Einzahlung stets einen Rückstand des geschuldeten Gefälles (Hauptsache) bildet.

Offenbar auf Unkenntnis oder Versehen beruhende Minderleistungen dürfen nachgesehen werden; ebenso kann von der Rückvergütung geringfügiger, nicht ausdrücklich zurückverlangter Zuschläge Umgang genommen werden. Derartige Differenzen sind in den beiden Postgebührenrubriken des Gegenkontos ab- bzw. zuzusetzen. Etwaige Nachforderungen haben kostenlos stattzufinden. Ziff. 3 Abs. III der Bekanntmachung.

Als „in den Kassabüchern verausgabter Betrag“ erscheint der in den Kassabüchern wirklich verausgabte und zu denselben abquittierte Betrag; gleichzeitig mit dem betreffenden Eintrage stellt sich die zahlende Kasse, die durch Abzug einzubehaltende Überweisungsgebühr von 5 Pf. zu Soll; die um diese Gebühr gekürzte Buchausgabe bildet sodann den Gegenstand der Überweisung und des Schecks.

Die in den Rubriken 4 und 8 des Gegenkontos vorgetragenen Einnahmen und Ausgaben werden in den Subjournalen und Kassabüchern gebucht, beeinflussen sohin das Kassa-Soll des die Tagebücher führenden Handkassenbeamten, ohne zugleich seinen Kassenbestand irgendwie zu berühren. Die bezüglichen Einnahmen müssen daher im Bescheinigungs- und Abrechnungsbuche sofort berichtigungsweise wieder verausgabt oder zwecks Absetzung am subjournalisierten Gesamtbetrage in besonderer Aufschreibung festgehalten werden. Hinwieder sind die vom Handkassenbeamten in den Zahlungslisten und im Tagebuche durchgeführten Belastungen des amtlichen Postscheckkontos, da durch selbe sein Handkassenbestand nicht vermindert wird, je zugleich als einnahmliche Berichtigungsposten im Abrechnungs- und Bescheinigungsbuche zu behandeln oder bei der Zusammenstellung der Ausgaben für das Gesamtkassensoll außer Berücksichtigung zu lassen.

Buchst. a bezeichneten Stellen treffen diese Bestimmung die Vorstände dieser Ämter.

II. Die fortlaufenden Konto-Auszüge, die Lastschrift-, Gebühren- und Berichtigungszettel bilden Belege zum Gegenkonto. Die von den Postscheckämtern übersandten Abschnitte von Zahlkarten und Überweisungen und die Gutschriftszettel sind mit der Seite des Kassebuchs, in welchem der bezügliche Betrag vereinnahmt wurde, zu versehen, fortlaufend zu sammeln und nach Jahrgängen geordnet aufzubewahren.

III. In der dafür unter den Gutschriften vorgesehenen Spalte des Gegenkontos sind die Beträge zu vereinnahmen, welche von den Einzahlenden über ihre Schuldigkeit hinaus zur Deckung der entstehenden Gebühren und Auslagen zu leisten sind oder den Zahlungsempfängern bei Übertragungen auf ihr Postscheckkonto an ihrer Forderung in Abzug gebracht werden (s. Ziff. 3 Abs. II und V). Die vom Postscheckamte für Formulare, Gebühren ꝛc. in Aufrechnung gebrachten Beträge sind in der entsprechenden Rubrik des Gegenkontos unter den Lastschriften zu verausgaben.[1])

IV. Sobald der Abschluß des Postscheckkontos für den 31. Dezember jeden Jahres nebst der Gebührenberechnung bis zu diesem Zeitpunkte vom Postscheckamt übersandt ist, ist auch das Gegenkonto abzuschließen. Die Regierungen, Kammern der Finanzen, und die Generaldirektion der Berg-, Hütten- und Salzwerke haben alljährlich eine

---

[1]) Die in der Rubrik 5 des Gegenkontos zu Soll gebrachten Gebührnisse für die Einzahlungen und Überweisungen bilden Einnahmen der Kassen und Ämter und sind daher nicht zu verwechseln mit den in Rubrik 6 erscheinenden Postgebühren, womit das Scheckamt jene belastet.

Zusammenstellung der Abschlüsse der Gegenkonten für die ihnen unterstellten Ämter und Kassen dem K. Staatsministerium der Finanzen vorzulegen. Die Zentralstaatskasse, das Katasterbureau und das Hauptmünzamt legen den Abschluß ihres Gegenkontos dem K. Staatsministerium der Finanzen unmittelbar vor. Der durch die Zuschläge der Einzahlenden nicht gedeckte Betrag an Gebühren ꝛc. des Postscheckamts ist in der gleichen Weise wie die übrigen Post-, Telegraphen- und Telephongebühren des angeschlossenen Amts zu verrechnen. Ein etwaiger Überschuß der Zuschläge über die Gebühren ꝛc. des Postscheckamts ist an diesen Ausgaben zu kürzen.[1])

[1]) Wie bereits dargelegt, braucht für die Feststellung des Gesamtkassabestandes das „Gegenkonto" nicht erst abgeschlossen zu werden; dagegen müssen für die Zwecke der Sollaufstellung bei jedem Hauptkassasturz die Rubriken 5 und 6 des Gegenkontos miteinander abgeglichen und die bezüglichen Fehlbeträge bzw. Überschüsse der amtlichen Zuschläge und Abzüge gegenüber den postalischen Gebühren bei der Sollaufstellung eingerechnet werden, da die im amtlichen Buchsoll erscheinenden Ziffern der „in den Kassabüchern vereinnahmten und verausgabten Beträge" — Rubrik 4 und 8 — mit den Postgebühren belastet sind und überdies um die beregten Zuschläge und Abzüge von den beim Postscheckamte gut und zur Last geschriebenen Summen abweichen, aus letzteren aber sich das, einen Bestandteil des amtlichen Gesamtkassabestandes bildende Postscheck-Kontoguthaben zusammensetzt. Dieses Guthaben deckt sich nicht mit dem für den Tage- und Hauptbuchsabschluß maßgebenden Soll der Rubriken 4 und 8 des Gegenkontos einschließlich der Bareinlagen, weswegen bei Nichteinbezug der Differenz zwischen den Rubriken 5 und 6 in die Sollaufstellung für den Kassensturz beispielsweise die den Kontobestand und darum den Gesamtkassenbestand mindernden Ausgaben der Rubrik 6 für Formblätter als ausgablicher Buchvortrag unberücksichtigt blieben, sohin zu einem Kassenminus sich gestalteten. Es ist demnach bei Aufstellung des Solls für einen

V. Bei Kassenvisitationen hat der Visitationskommissär das Gegenkonto sowie die Scheck- und Überweisungshefte zu prüfen und vom Postscheckamt ein Anerkenntnis über den Stand des Scheckkontos zu erholen.

München, den 17. August 1909.

von Pfaff.

Hauptkassasturz des Amtes der Mehrbetrag des Abschlusses der Rubrik 6 über den Abschlußziffern der Rubrik 5 des Gegenkontos als Postgebührenausgabe und der etwaige Mehrbetrag des Abschlusses der Rubrik 5 über jenen der Rubrik 6 als Postgebühreneinnahme in das nach Ziff. 3 der Bekanntmachung vom 14. Mai 1909 zu führende Postgebührenverzeichnis, FinMinBl. S. 423, und von da unter den übrigen Ausgaben und Rückersätzen an Postgebühren in das Tage- und Hauptbuch überzutragen. Für das Handkassasoll bleibt die Abgleichung gedachter Rubriken außer Betracht.

Formblatt.

Postscheck-Gegenkonto.

Tag	Konto-Auszug-Nr.	Gutschriften: Vom Postscheckamte gutgeschriebener Betrag ℳ	₰	Gutschriften: In den Kassebüchern vereinnahmter Betrag ℳ	₰	Gutschriften: Von den Zahlungspflichtigen einbezahlte bzw. den Zahlungsempfängern abgezogene Beträge für Postgebühren ℳ	₰	Lastschriften: Vom Postscheckamte aufgerechnete Beträge an Gebühren ℳ	₰	Lastschriften: Vom Postscheckamte zur Last geschriebener Betrag ℳ	₰	Lastschriften: In den Kassebüchern verausgabter Betrag ℳ	₰	Stand des Guthabens ℳ	₰
1909															
1. Sept.	1	100	75	—	—	—	—	—	75	—	75	—	—	100	—
5. "	3	13	35	13	20	—	15	—	—	—	—	—	—	365	35
3. Dez.	35	107	25	107	10	—	15	2	40	2	40	—	—	327	95
4. "	36	—	—	—	—	—	5	—	—	208	20	208	25	119	75
31. "	50	rc.	rc.	rc.	rc.	rc.	rc.	rc.	rc.	rc	rc.	rc.	rc.	rc.	rc.
	Summa	94767	45	rc.	rc.	25	90	27	15	rc	rc.	rc.	rc.	rc.	rc.
								25	90						
								1	25						

Postscheck-Gegenkonto.

(Mustereinträge.)

Tag	Konto-Auszug Nr.	Gutschriften: Vom Postscheckamte gutgeschriebener Betrag		Gutschriften: In den Kassebüchern vereinnahmter Betrag		Gutschriften: Von den Zahlungspflichtigen einbezahlte bzw. den Zahlungsempfängern abgezogene Beträge für Postgebühren		Lastschriften: Vom Postscheckamte aufgerechnete Beträge an Gebühren		Lastschriften: Vom Postscheckamte zur Last geschriebener Betrag		Lastschriften: In den Kassebüchern verausgabter Betrag		Stand des Guthabens	
1	2	3		4		5		6		7		8		9	
1909		M	₰	M	₰	M	₰	M	₰	M	₰	M	₰	M	₰
1. Sept.	1	[1]) 100	75	—	—	—	—	[2]) —	75	—	75	—	—	100	—
2. "	2	13	35	13	20	—	15	—	—	—	—	—	—	113	35
3. "	3	107	25	107	10	—	15	—	—	—	—	—	—	220	60
4. "	4	—	—	—	—	—	05	—	—	208	20	[3]) 208	25	12	40
5. "	5	3300	—	3299	25	—	75	—	—	—	—	—	—	3312	40
25. "	6	—	—	—	—	—	—	—	—	2000	—	[4]) 2000	—	1312	40
25. "	6	—	—	—	—	—	—	—	—	[5]) 1200	—	—	—	112	40
27. "	7	—	—	—	—	—	—	—	81	[6]) —	81	—	—	111	59
		Abschluß für September				1	10	1	56						
								(—) 1	10						
								—	46						

[1]) Stammeinlage. [2]) Für Formblätter. [3]) Zahlung durch Überweisung. [4]) Lieferung zur Kreiskasse mittels Überweisung. [5]) Barrückzahlung auf Grund Schecks. [6]) Postgebühren, nämlich 5 + 5 + 5 + 3 + 35 + 3 + 25 ₰.

Alphabetisches Sachregister.

(Die Zahlen bedeuten die Seiten.)

FSC
www.fsc.org
MIX
Papier | Fördert
gute Waldnutzung
FSC® C083411

Kolibri 360 GmbH
Ferdinand-Jühlke-Straße 7
99095 Erfurt, Deutschland
produktsicherheit@kolibri360.de